RÉTABLISSEMENT
DU CULTE DIVIN
DANS L'ÉGLISE
DE NOTRE-DAME
DE FOURVIÈRE,
ET DÉTAILS INTÉRESSANS

Sur le Passage de N. S. PÈRE LE PAPE PIE VII, à Lyon, le 29 Novembre 1804; ainsi que sur son séjour, dans la même Ville, les 17, 18 et 19 Avril 1805, à son retour de Paris.

On y a joint une Notice des Indulgences attachées aux Chapelets, Croix et édailles bénis par Sa Sainteté.

A LYON,

Cœz RUSAND et COMP.ᵉ Imprimeurs-Libraires de SA SAINTETÉ.

1805.

PIE VII
A LYON,

Ou récit de ce qui s'est passé de plus remarquable, le 29 Novembre 1804, au passage de sa Sainteté dans cette Ville.

LE Souverain Pontife étoit impatiemment attendu de jour en jour à Lyon. On avoit accéléré, avec toute l'activité possible, les travaux nécessaires aux réparations les plus urgentes dans l'Eglise Métropolitaine, et la nuit comme le jour on n'avoit cessé d'y travailler. Une magnifique boiserie avoit été placée dans le Chœur, et on y avoit élevé deux principaux monumens pour transmettre à la postérité le souvenir de cette époque mémorable ; l'un aux armes du Pape et surmonté de la Thiare, l'autre aux armes de l'Empereur surmonté de la couronne impériale ; ces deux écussons représentant, en quelque sorte, l'alliance de la puissance spirituelle et de la puissance temporelle.

Sa Sainteté a comblé les vœux des habitans de Lyon, en arrivant au milieu d'eux, le 19 Novembre, vers trois heures après midi, accompagnée dans sa voiture par L. L. E. E. les

Cardinaux FESCH et DE BAYANNE. Les Cardinaux BRASCHI, BORGIA, PIETRO, ANTONELLI et CASELLI précédoient ou suivoient avec les personnes de leur suite. Le Chapitre de la Cathédrale, les Curés de la ville, le général Duhesme, commandant la division, M.^r le Préfet et les Maires étoient allés à sa rencontre. A son entrée dans le département, le Souverain Pontife fut complimenté par les autorités ecclésiastiques, civiles et militaires. Le canon et le son des cloches signalèrent l'heureux moment de son arrivée. Une foule immense remplissoit les rues et pouvoit à peine être contenue par les troupes. Le Clergé qui s'étoit rendu processionnellement dans la Cathédrale y attendoit le Saint Père. La jeunesse Lyonnoise étoit placée sur deux rangs derrière le Clergé et portoit des flambeaux. Le Souverain Pontife descendu de sa voiture, fut conduit sous un Dais au pied de l'Autel, où le très-saint Sacrement étoit exposé. Des chants d'allégresse remplirent alors la vaste Basilique ; on ne peut exprimer le premier sentiment qu'inspira la vue du Vicaire de Jésus-Christ ; son extérieur simple et modeste, la bonté peinte sur son visage, et la piété noble et touchante qu'il fit éclater dans le Temple du Seigneur remplirent toutes les âmes d'une profonde vénération.

Après la bénédiction du Saint Sacrement donnée par S. E. Monsg.^r le Cardinal Fesch, on conduisit processionnellement le Saint Père au palais Archiépiscopal, en chantant le *Te Deum*. Il y reçut d'abord le tribut d'hommages et de respects des autorités, des tribunaux et des diverses administrations ; (*) un général s'approcha de lui et lui dit avec une franchise militaire : « Très-saint Père, j'ai l'honneur de vous présenter un colonel et deux » officiers, vous êtes gardé par des *François* » et vous êtes bien gardé. »

Après avoir reçu les différens corps administratifs et judiciaires, on vint dire au Pape, qu'une multitude innombrable remplissoit les quais des deux rives de la Saône. Le Souverain Pontife sensible aux vœux du peuple, se montra sur la terrasse du palais Archiépiscopal avec une expression de bonté qui pénétroit tous les cœurs de saisissement et de joie.

« Vous voyez, très-saint Père, lui dit un des » Chanoines de la Cathédrale, vous voyez que la » foi n'est pas entièrement perdue en France : » Dieu en soit loué, s'écria-t-il, en levant les yeux au Ciel ; et étendant les deux mains avec un saint transport, il donna sa bénédiction pontificale aux Fidèles qui l'attendoient avec impatience et parut en répandre le bienfait sur toute la ville. On lui présenta des corbeilles remplies de croix, médailles, anneaux et chapelets qu'il consacra par ses bénédictions, et à chaque instant de son séjour à Lyon, il fut obligé de réitérer la même cérémonie.

Le soir, les Cloches annoncèrent la grande solennité du lendemain, et à l'entrée de la nuit, une illumination brillante, donnant de l'éclat à l'antique architecture de l'Eglise

---

(*) *Pour ne pas faire languir la narration, on ne met point les divers discours adressés au Pape, on les trouvera à la fin de ce récit.*

A 3

Métropolitaine et du palais Archiépiscopal, fit appercevoir deux Croix nouvellement placées sur les tours de la Métropole et qui parfaitement illuminées annonçoient au loin que l'étendard de la Croix avoit repris tout son lustre : les quais offroient également les signes multipliés de la réjouissance publique.

Avant le point du jour, l'affluence des Fidèles sur la place de la Cathédrale et dans les rues adjacentes étoit prodigieuse ; l'empressement pour assister à la Messe Pontificale, avoit rassemblé dès cinq heures du matin une foule de personnes pieuses qui craignoient de ne pas trouver place dans l'Église. Sur les dix heures, le Pape, en présence d'un Clergé nombreux et des autorités civiles et militaires célébra le saint Sacrifice ; sa piété, son recueillement avoient quelque chose de céleste qui pénétra tous les assistans ; on a ouï après sa Messe, une personne des plus qualifiées de la ville s'écrier : « *tant de vertus commandent le respect et la vénération.* » On croyoit voir, comme dit Fleury, saint Basile, le corps immobile, le regard fixe, l'esprit uni à Dieu, désarmer le Seigneur ; les Cardinaux qui environnoient le Sanctuaire ajoutoient par leur piété à l'appareil imposant de cette sainte Cérémonie.

Le Pape resta trois quarts d'heure à genoux dans le même recueillement, à faire son action de graces ; ensuite s'avançant vers le Trône qu'on lui avoit préparé, au fond du Chœur, au même endroit où Innocent IV et Grégoire X avoient présidé, cinq siècles

(7)

auparavant, deux Conciles généraux , il admit
le Clergé à lui baiser les pieds. Plusieurs
Officiers et grand nombre de dragons dé-
posant leurs casques avec empressement ,
vinrent se jeter aux pieds du Saint Père
pour participer à la même faveur. On fut
obligé pour ne pas trop prolonger la cérémonie de modérer les transports des personnes de tout sexe , de tout âge, qui ne
pouvant jouir de cette précieuse prérogative ,
se précipitoient sur les pas du Pape.

Ce vénérable Pontife toujours en mouvement pour satisfaire l'empressement des Lyonnois et de la foule d'étrangers que son passage
avoit attirés dans leurs murs, eut la condescen-
dance de se rendre l'après midi sur la place de
Belle-Cour appelée aujourd'hui *place Bonaparte*.
Une affiche avoit annoncé le matin, que le
Saint Père donneroit sa Bénédiction au peuple réuni dans cette vaste étendue. Le balcon
d'une des maisons avoit été richement décoré
et couronné d'un Dais : quand le Pape y
parut, le peuple exprima sa joie par des
applaudissemens réitérés, et l'on vit avec at-
tendrissement ce bon Pasteur se dilater à
la vue de son troupeau ; il le contemploit
avec satisfaction ; et répondit à un des Cardinaux qui l'invitoit à donner sa Bénédiction ;
luissez-moi me satisfaire à considérer ce bon peuple.
Son émotion étoit d'autant plus vive , que dans
ce moment on lui faisoit remarquer les débris
encore subsistans des maisons renversées pendant le règne du terrorisme ; le peuple amon-
celé sur ces ruines où il s'étoit placé pour mieux
voir le Pape , présentoit le coup d'œil d'un

vaste amphitéâtre garni de spectateurs. Enfin il lève les yeux au Ciel, il étend les mains : un religieux silence succède au tumulte d'un rassemblement si nombreux. « L'impie lui-même étonné de se trouver Chrétien, se prosterne avec respect. » On s'écrie dans un sentiment d'admiration : « si Jésus - Christ reparoissoit » sur la terre, il n'emprunteroit pas d'autre extérieur. »

Il voulut bien recevoir encore dans cette maison les hommages de quelques personnes infirmes qui soupiroient après ce bonheur ; le général Jomard s'élançant au milieu de l'assemblée, vint mettre aux pieds du Saint Père un jeune enfant qui en fut accueilli avec la même bonté dont Jésus - Christ en usoit à l'égard des enfans.

Il avoit promis d'aller visiter les Hôpitaux pour procurer aux pauvres malades la consolation de recevoir la Bénédiction du Père commun des Fideles , mais la nouvelle de l'affligeante situation du Cardinal Borgia , (1) le força à rétrograder.

____

(1) Ce Cardinal distingué par ses vastes connoissances et ses vertus , a terminé sa carrière dans le palais Archiépiscopal de Lyon , deux jours après le départ de Sa Sainteté, après avoir reçu avec édification les derniers Sacremens de l'Eglise. Le Pape lui avoit laissé son Médecin, et avoit dit de lui que s'il mouroit à Lyon , il ressembleroit à saint Bonaventure, qui y finit ses jours pendant la tenue du second Concile œcuménique de cette ville , où ce saint Docteur avoit accompagné Grégoire X.

Les Dames protectrices des établissemens de charité, les Sœurs préposées à ces divers établissemens et une multitude nouvelle qui sembloit se multiplier à chaque pas, l'attendoit à son retour dans le Palais Archiépiscopal pour lui baiser religieusement les pieds: Il jetoit sur tous un sourire de bienveillance, et les accueilloit successivement avec sensibilité et intérêt. Il paroissoit avoir une satisfaction paternelle à donner une bénédiction particulière aux enfans qu'on lui présenta.

Le général Duhesme, dans l'émotion que lui faisoit éprouver cette scène attendrissante, amena aussi son propre enfant et dit en le mettant aux pieds de Sa Sainteté : « Très-Saint Père, Jésus-Christ bénissoit les enfans, voici le mien; le Ciel me l'a donné, je l'élèverai pour l'Eglise et pour l'Empereur. »

Le Curé de la petite ville de Semur, s'étoit approché du Saint Père et lui avoit demandé sa bénédiction spéciale pour toute sa Paroisse; mais, *est - elle bien bonne*, lui dit le Saint Père; et sur la réponse affirmative de son Pasteur, *c'est de tout mon cœur que je vous la donne*, lui répliqua le Pape.

Sa Sainteté a spécialement distingué le Pensionnat des Dames l'Echevin, Boulard et Clérimbert. Aux jours désastreux de la révolution, les Dames Boulard, Clérimbert et Gabet, religieuses de Lyon, avoient été conduites par la providence jusqu'à Imola. A cette époque, l'Evêque d'Imola, aujourd'hui Pie VII, les accueillit avec toute la tendresse d'un Père; il les avoit placées dans un couvent, les avoit adoptées pour ses filles, et les honoroit souvent de sa visite. Au moment de leur retour en France, il mit le comble à toutes ses bontés en leur offrant l'argent qui pouvoit leur être nécessaire pour leur voyage. Le Saint Père n'avoit pas oublié ses chères Filles; à son arrivée à Lyon, il s'informa d'elles auprès de son Eminence le Cardinal Archevêque; il voulut avoir un entretien particulier avec elles et après leur avoir donné sa Bénédiction, il les renvoya toutes pénétrées de ses bontés et de la promesse qu'il leur fit de les revoir à son passage.

La soirée de ce jour fut encore consacrée à satisfaire l'empressement des Fidèles: Une députation nombreuse de la jeunesse Lyonnoise, a exprimé avec énergie son dévouement respectueux pour le Vicaire de Jésus-Christ, et son attachement à la Religion de ses Pères, cimentée par le sang des Martyrs. Enfin pour céder aux désirs d'une foule de peuple qui, ce même soir et malgré la pluie entouroit encore le Palais, le Saint Père reparut de nouveau sur la longue Terrasse de l'Archevêché afin de réitérer ses Bénédictions; « je ne puis rien refuser aux » Lyonnois, disoit-il, il faut que je les con- » tente. »

Le peuple désespérant de pouvoir pénétrer dans l'appartement du Saint Père, força les portes de l'Eglise pour aller baiser avec respect son Trône, et honorer le lieu encore rempli du souvenir de sa présence.

Le départ du Souverain Pontife fut annoncé le lendemain au point du jour, par le Canon et le son des Cloches. Les habitans de la ville ont exprimé leurs regrets de cette douloureuse séparation, en se précipitant avec une nouvelle avidité sur son passage. Le Saint Père a ordonné, lui-même qu'on ralentît le mouvement de sa voiture pour céder aux désirs du peuple.

Le jour de ce départ a été un jour de deuil. Chacun aimoit à se rappeler les circonstances les plus attachantes de tant de faveurs multipliées. Si quelque chose peut contribuer à adoucir l'amertume des regrets, c'est l'espoir de posséder plus long-temps le Souverain Pontife, à son retour de la Capitale, et l'heureux avenir qui se prépare pour l'accroissement de la Religion et la réformation des mœurs.

Le premier Pasteur de ce Diocèse, Mg.r le Cardinal Fesch qui accompagnoit le Pape, à son entrée à Lyon, a saisi toutes les occasions pour montrer à sa Sainteté l'empressement des Lyonnois et pour procurer à tous ses Diocésains les bénédictions du Souverain Pontife. C'est à son Éminence qu'on est redevable d'avoir eu le Pape, près de deux jours à Lyon.

Il seroit trop long de rapporter tous les sentimens qu'a fait éclore l'arrivée et la présence du Pape : Une personne qui voyoit faire les préparatifs de son cortége, étonnée de tant d'appareil, s'avisa de demander : qu'y a - t - il donc d'extraordinaire, enterre-t-on quelqu'un ? Oui, monsieur, lui répondit une Dame, nous enterrons aujourd'hui l'impiété.

Les troupes ont partagé le respect et l'empressement des Fidèles; un soldat a voulu faire bénir ses armes. Plusieurs dragons de l'escorte lors de la bénédiction du Saint Père, à la place de Belle-Cour, ne pouvant faire de la main le signe de la croix, le firent avec la garde de leur sabre.

Quel constraste, disoient quelques-uns, à la vue de l'allégresse et de l'empressement du peuple dans cette journée, quel contraste avec la fête lugubre dont nous étions, il y a onze ans, les tristes témoins ; lorsque des hommes qui se disoient philosophes, promenoient en triomphe , dans les boues de Lyon , les ornemens pontificaux, portés par un vil animal ; et on observoit que c'étoit précisément le même jour , (20 novembre) que s'étoit passée cette scène. Alors un deuil universel accompagnoit le triomphe des méchans ; le peuple étoit dans la consternation et il est aujourd'hui dans la joie : mais le règne des Impies est passé, ils ont vérifié l'oracle de l'Ecriture sainte ! *Transivi et ecce non erat*, et la vérité du Seigneur demeure éternellement. *Veritas Domini manet in æternum.*

DISCOURS

Adressés à Sa Sainteté PIE VII, à son entrée à Lyon.

Discours de M. l'abbé Jauffret, premier vicaire-général de Lyon.

BEATISSIME PATER,

« METROPOLITANI Capituli, Lugdunensis civitatis Rectorum, necnon primæ Galliarum Ecclesiæ Cleri sincera vota, atque humillima obsequia Sanctitas Vestra grata habere dignetur. Licèt tam longum iter aggressa fuerit, non multùm, quæso, à Româ se distare cogitet : enimverò eadem fides utramque civitatem semper connexuit, utraque beatissimi Petri Successori constanti animo inhæsit. Quam fidem, Sanctissime Pater, quam, erga Christi Vicarium, obedientiam, olim Lugdunenses incolæ professi sunt ; adjuvante Deo, et hodiè profitentur. Undè, nullibi in orbe christiano Catholicos Sanctæ Sedi Apostolicæ, simul et Beatitudini Vestræ magis addictos reperiendos esse quàm Lugdunenses Catholici, fidenter asserimus. »

Traduction du même discours, en françois.

TRÈS-SAINT PÈRE,

VOTRE Sainteté daigneroit-elle recevoir avec bonté, les vœux sincères et les hommages respectueux du Chapitre Métropolitain, des Curés et du Clergé de la première Eglise des Gaules. Quoique Votre Sainteté ait déjà supporté les fatigues d'un long voyage, elle ne doit pas se croire éloignée de Rome. Rome et Lyon ont toujours été unis par la même Foi, Rome et Lyon ont toujours été également attachés d'esprit et de cœur au successeur de S. Pierre. Par la grace de Dieu, les habitans de Lyon se font gloire de cette Foi, de cette obéissance dont leurs ancêtres se sont toujours glorifiés envers le Vicaire de Jésus-Christ. Nous osons donc le dire avec confiance et nous en assurons votre Sainteté, elle ne trouvera point dans le monde Chrétien de Catholiques plus attachés au S. Siège Apostolique et à votre Sainteté.

Discours de M. Bureaux de Puzy, Préfet.

TRÈS-SAINT PÈRE,

LES Autorités administratives du département du Rhône n'avoient pas besoin des ordres de l'Empereur, pour manifester l'alégresse que leur fait éprouver la présence de Votre Sainteté, et l'hommage respectueux qu'elles viennent lui offrir, est un tribut du sentiment, bien plus qu'un acte de l'obéissance.

. Nouveau Samuël , comme autrefois le Pro-
phète , vous venez, T. S. P. , imprimer le
sceau d'une Religion divine ; au pouvoir déjà
le plus légitime et le mieux affermi ; à l'autorité
de celui qui, nouveau David, sut, comme lui,
défendre, venger, agrandir, pacifier, illustrer
son pays ; y rétablir les honneurs de l'Arche
sainte, trop long - temps profanée ; y rassem-
bler autour du Tabernacle, les Lévites......
dispersés par les violences de l'anarchie ; et
qui, par la sagesse soutenue de son adminis-
tration, justifie aujourd'hui l'acclamation publique qui lui décerna l'Empire, comme le
seul prix digne de sa valeur et de ses éclatans
services. C'est par vos mains, T. S. P., que
bientôt cet Élu chéri du Peuple François, va
réunir à cet indélébile caractère, le caractère
de l'Oint du Seigneur ; et que, déjà placé
sous la sauve-garde de son génie, des lois de
l'État, et de l'amour d'une Nation reconnois-
sante, il verra sa puissance se consolider encore
sur la base impérissable de la Religion.

Votre Sainteté, en prêtant son ministère
auguste à la solennité du pacte qui va se former
entre les François et l'Empereur qu'ils se sont
choisi, va coopérer aux bienfaits que nous
promet cette institution ; et l'éternelle reconnoissance que nous conservons pour le Pontife
illustre qui vient cimenter notre restauration,
accroîtra, s'il est possible, la vénération profonde que nous inspirent son rang et ses vertus.

Discours de M. le Général Duhesme, commandant en chef la 19.me division militaire, Grand-Officier de la Légion d'honneur.

TRÈS-SAINT PÈRE,

VOUS consolidez le bonheur de la France, en venant sacrer notre Empereur, votre Fils aîné. Tous les cœurs volent au devant de vous; veuillez y distinguer ceux des Militaires François: vous les trouverez constamment fidelles à l'honneur et à la Religion.

Daignez, T. S. P., agréer nos sentimens d'amour et de respect filial.

Discours de M. Vitet, Président de la Cour d'appel.

TRÈS-SAINT PÈRE,

CE n'est pas avec des secours purement humains, que ceux que le Gouvernement a chargés de faire observer les lois, et de rendre la justice distributive, peuvent espérer de remplir avec succès leur importantes fonctions.

Il leur faut des lumières pour chercher et découvrir la vérité, de la fermeté pour résister à tous les genres de séduction, des forces surnaturelles pour planer au-dessus de toutes les passions.

Ce n'est que dans les préceptes d'une Religion sainte, qu'ils peuvent puiser les moyens de s'élever à la hauteur de leurs devoirs.

Aussi les Magistrats mettent-ils à la tête de ceux qui leur sont imposés, les vœux qu'ils adressent au Tout-Puissant, qui, principe de toute justice, peut seul les préserver de la foiblesse et de l'erreur.

Combien ces vœux auront un accès plus facile auprès de la Divinité, si son Vicaire sur la terre daigne être leur intercesseur !

La Cour d'Appel de Lyon ose demander cette grace à Votre Sainteté.

Elle espère la mériter par l'empressement avec lequel elle se réunit aux acclamations qu'excite la présence de votre auguste Personne :

Par son ardeur à partager l'enthousiasme que fait naître un voyage, dont le but est d'imprimer le sceau de la Religion à un choix qui assure la gloire et le bonheur de l'Empire ;

Par les sentimens de respect et de la vénération profonde dont elle est pénétrée pour Votre Sainteté.

Discours de M. Dugueyt, Président du Tribunal civil.

TRÈS-SAINT PÈRE,

UN voyage long et pénible, entrepris dans une saison aussi rigoureuse, est sans doute le résultat d'une inspiration divine, qui est le partage des Elus du Très-Haut.

L'Éternel a dit : Que Napoléon, ce Héros, le Sauveur de la France, soit Empereur. Les François ont applaudi à ce décret divin, et l'Elu du Peuple deviendra par vous l'*Oint du Seigneur.*

Que de graces à rendre à Votre Sainteté, puisque c'est par vous que va se consolider le contrat solennel qui fixe à jamais les destinées de la France !

Au milieu des acclamations qui vous environnent, daignez, T. S. P., agréer les sentimens de respect et de vénération des membres qui composent le Tribunal civil de Lyon.

---

*Discours adressé au Pape, à son arrivée à Lyon,
le 28 brumaire an 13 (19 novembre 1804), par
M. Boissieux, Procureur impérial du Tribunal
civil de Lyon.*

TRÈS-SAINT PÈRE,

PONTIFE Souverain de notre divin Maître,
vous venez consacrer, par les cérémonies au-
gustes de la Religion, le couronnement du
grand Napoléon, Empereur des François.

Ce Héros magnanime a mérité par ses vertus
et ses victoires, la gloire de régner sur le peuple
le plus digne de ses bienfaits. Nous n'oublierons
jamais, Très-Saint Père, que c'est à votre zèle
pour la Religion et la propagation de la Foi,
à vos profondes méditations, et à l'heureux
concert qui a toujours existé entre Votre Sainteté et le Chef suprême de l'Empire, que nous
devons le rétablissement de l'Eglise de France,
si long-temps dispersée.

Pour rendre plus éclatante aux yeux de l'uni-
vers cette cérémonie auguste, vous daignez,
Très - Saint Père, descendre de votre trône
Pontifical, pour verser vous-même sur le front
de ce Héros couvert de gloire, *cette huile sainte*
qui lui imprimera l'ineffable, le sacré caractère
d'Oint du Seigneur : preuve toujours vivante
pour la Chrétienneté, de l'alliance sublime et
nécessaire du *Sacerdoce et de l'Empire.*

Les acclamations et les chants d'alégresse qui
vous accompagnent depuis votre entrée sur le

territoire François, donnent à Votre Sainteté la mesure de la profonde vénération du peuple le plus fidelle à la foi de ses pères, et le plus attaché à ses Souverains, ainsi qu'à la hiérarchie de l'Eglise.

Daignez, Très-Saint Père, agréer avec bonté les respectueux hommages des organes du Gouvernement près le Tribunal civil de Lyon.

Discours de M. Saint-Rousset, Maire de la division du Midi, au nom de la Municipalité de Lyon.

TRÈS-SAINT PÈRE,

HEUREUX de pouvoir approcher du Père commun des fidelles, les membres de la Municipalité de Lyon unissent leurs hommages respectueux aux sentimens de vénération qu'exprime ce peuple que Sa Sainteté voit se précipiter sur ses pas, et dont elle entend les acclamations.

O ben venuto !
E viva il san Padre !

Discours des jeunes gens de Lyon.

TRÈS-SAINT PÈRE,

LA jeunesse de cette ville veut aussi que l'expression de son respect et de son attachement pour le Saint-Siége parvienne jusqu'aux pieds du trône de votre Sainteté. Ce n'est pas assez pour elle que ses cris de joie retentissent autour de ce palais, elle désire encore que ses députés viennent en son nom rendre hommage à cette puissance auguste, plus auguste que toutes les puissances de la terre, puisque l'Éternel a déposé dans ses mains les trésors de sa miséricorde. Parmi ce concours empressé de Fidèles de tous les âges et de tous les rangs, qui, pleins de zèle et de foi, viennent se prosterner aux pieds du vicaire de J. C; votre Sainteté daignera-t-elle jeter un regard de bonté sur ceux qui ont eû le bonheur d'être choisis pour être auprès d'elle les interprêtes des sentimens de la jeunesse Lyonnoise ?

Et nous aussi, nous avons conservé la Religion de nos pères; nous n'avons pas oublié que la terre qui nous a vus naître avoit été arrosée du sang des Martyrs. Notre foi a traversé ces temps d'orages et de désastres, elle a surnagé sur le torrent des révolutions, elle a été la planche qui nous a sauvés du naufrage des principes et des mœurs, et quand la bonté divine a fait luire sur notre patrie des jours plus sereins, nos pères nous ont dit : déchirez ces pages de l'histoire, détournez vos regards de cette époque funeste ; ah ! combien les bienfaits que Dieu se plaît aujourd'hui à répandre sur nous doivent nous la faire oublier encore ! Combien notre foi doit être plus vive quand nous venons la ranimer aux pieds de votre Sainteté, dont le cœur en est le foyer qui ne peut jamais s'éteindre.

A votre approche nos cœurs ont tressailli

d'une sainte allégresse ; nous nous sommes écriés dans un transport de joie et d'admiration : *Benedictus Dominus Deus Israel , quia visitavit et fecit redemptionem plebis suæ.*

O vous , Souverain Pontife ! aussi respectable par la Sainteté de votre caractère que par toutes les vertus que Dieu a réunies dans celui qu'il a choisi pour être son premier Ministre et son image sur la terre ; vous le suprême dispensateur de ses graces , vous l'auguste intermédiaire entre Dieu et ses créatures.... daignez nous donner votre sainte bénédiction ; *Domine non derelinquam te , donec benedixeris mihi.*

ARRIVÉE
DE N. S. PÈRE LE PAPE

A LYON,

A son retour de Paris, le 16 Avril 1805.

LE vicaire de Jésus-Christ, le digne et respectable chef de l'Eglise a reparu au milieu de nous. C'est à cinq heures de l'après-midi du mardi de Pâques que nous avons eu le bonheur de le revoir. On s'étoit porté en foule à sa rencontre. Deux cent jeunes Lyonnois l'attendoient depuis long-temps à la montée de Balmont, pour le complimenter et lui servir d'escorte jusqu'à son palais. Pie VII paroît ; on se prosterne autour de sa voiture, et déjà le Saint Père a commencé de demander au Ciel l'accomplissement de toutes les bénédictions qu'il va répandre sur une ville, qui à son passage lui avoit témoigné tant d'empressement. Il demande que sa voiture aille au pas pour satisfaire les jeunes gens, (*) qui, marchant sur deux lignes

____

(*) Il n'est pas hors de propos d'observer ici, que ce sont les mêmes qui firent au Pape le compliment rapporté *page* 20, pendant son premier séjour à Lyon, et on doit ajouter, qu'ils sont meml'accompagnent avec ordre jusqu'à l'entrée du faubourg : là la foule devient si grande, que les mesures qu'ils avoient prises pour ne pas abandonner la voiture du Pape sont insuffisantes : à leur place un cortége pompeux de cavalerie, la garde Lyonnoise à pied et à cheval escortoient le Saint Père, et tout le peuple montroit sa satisfaction de le revoir. Il arrive à la porte de l'église Métropolitaine au bruit du canon et des cloches ; il est reçu sous un dais par son Eminence Monseigneur le Cardinal Fesch, qui après avoir donné la bénédiction du Saint-Sacrement accompagne le Saint Père dans son palais, d'où leurs Majestés Impériales étoient parties le matin du même jour : la vue de Pie VII a causé la même émotion que la première fois qu'il parut dans nos murs. Un air de bonté joint à je ne sais quoi d'imposant, faisoit distinguer au milieu des Cardinaux le chef visible de l'Eglise de Jésus-Christ.

Cependant une multitude de Lyonnois n'ayant pu appercevoir le Pape dans sa voiture, étoit accourue auprès de son palais. Le vénérable Pontife se montra sur la terrasse

---

bres d'une réunion nombreuse, dévouée à tous les genres de bonnes œuvres ; soit pour aller dans les prisons et les hôpitaux, consoler les malheureux ; soit pour chercher les pauvres honteux dans leurs retraites, et leur porter des secours ; soit pour apprendre les premiers élémens de la Religion à tant de jeunes plantes, délaissées sans instruction pendant la terreur ; généralement enfin, pour soulager tous les membres souffrans de Jésus-Christ.

de

de l'Archevêché ; il en fit le tour, et combla de joie tous les Fidèles en leur donnant sa bénédiction.

La garde Lyonnoise qui avoit eu l'honneur de veiller presque seule aux barrières du palais Impérial, durant le séjour de leurs Majestés à Lyon, montra le même empressement à garder le Saint Père.

Parmi les discours qui lui furent adressés par les autorités civiles, on remarque celui de M. de Puzy, notre Préfet. (*) Dès le lendemain matin Pie VII se rendit aux vœux des Catholiques, en célébrant la sainte Messe dans l'église de Saint-Jean, et en admettant ensuite un grand nombre de fidèles à lui baiser les pieds. Ce même jour, 17 avril, sur les trois heures de l'après-midi, un concours immense couvrant les deux rives de la Saône, depuis l'Archevêché jusqu'au delà du faubourg de Serin, annonçoit que le Saint Père alloit paroître. Le cours paisible de la Saône, ses bords rians, les environs de Lyon qui présentent le paysage le plus intéressant de la France, avoient engagé les Autorités de notre ville à procurer à cet auguste voyageur une promenade sur la rivière, afin de jouir d'un des plus beaux spectacles qu'on puisse trouver dans la Nature. Le Pape ne tarda pas d'arriver dans le plus brillant cortége. L'Empereur avoit laissé pour sa Sainteté ses voitures, et

---

(*) On le trouvera à la fin de ce Précis.

B

la plus grande partie de sa maison , et le
Saint Père fut conduit dans les pompeux
équipages de la cour jusqu'au port Neuville,
où l'attendoit une gondole magnifiquement
décorée , garnie de matelots vêtus de blanc,
et environnée de deux autres galiotes char-
gées de musiciens. (*) On le conduisit jusqu'à une petite lieue au-dessus de nos murs,
et tout le long de sa promenade il ne cessa
de bénir ceux qui couvroient les rivages de
la Saône , et qui s'avançoient jusqu'au milieu
des eaux pour le voir de plus près. Les Cardinaux , les grands Officiers de sa Majesté et
les chefs civils de Lyon , couronnoient le
pont de la gondole où étoit assis le Pontife.
Il est impossible de peindre l'air de bonté de
Pie VII , quand à son retour il apperçut
rangé en amphitéâtre un nombre inoui de
spectateurs , toujours avides de le voir , toujours jaloux de recevoir sa bénédiction.

Le 18 avril, N. S. P. le Pape célébra les
saints Mystères dans l'église de la Métropole,
et donna la Communion à quatorze cent personnes ; environ pareil nombre fut privé de
cette faveur , parce qu'on ne voulut pas
fatiguer davantage le souverain Pontife , qui

(*) Tous ces préparatifs avoient été faits le
lundi auparavant, pour procurer le même spectacle à leurs Majestés Impériales ; le mauvais temps
s'y opposa. Le cours tranquille de la Saône, fa-
vorise ce genre de promenade , et dans la belle
saison ; cette rivière est couverte de petits bateaux
qui vont et viennent aux maisons de campagne
multipliées sur ses rives.

durant trois heures avoit été occupé à cette auguste cérémonie. Le S. Père éprouva une grande satisfaction en voyant à la sainte Table plusieurs Lyonnois en habit militaire, et qui avoient donnés leurs armes à tenir à leurs camarades.

Sur les quatre heures du soir, Sa Sainteté fut conduite avec le même cortége de la veille à la place de Bellecour. Vingt mille individus y étoient réunis ; les maisons étoient tendues de tapisseries depuis l'hôtel de l'Europe jusqu'à la rue Saint-Dominique. Le balcon de la maison Henry étoit orné d'un dais comme au premier passage du Pape. Le S. P. paroît avec les habits pontificaux, le plus grand silence s'observe parmi cette foule immense, on se prosterne, et Pie VII étendant les mains sur ce bon peuple, le comble de bénédictions ; à l'instant un Prélat proclame l'Indulgence accordée à ceux qui avoient reçu la bénédiction avec les dispositions nécessaires, et M. Courbon répète en françois la proclamation de son Eminence.

Aussitôt après, la garde Lyonnoise rangée en face de la maison, fait avancer ses étendards, et le Pape les bénit en prononçant les prières accoutumées.

Après cette imposante cérémonie, le Saint Père alla visiter l'hospice de la Charité, le grand Hôtel-Dieu et revint bénir l'église du Petit-Collége, qui a été donnée aux frères des Ecoles Chrétiennes.

La journée du 19 fut principalement occupée par la cérémonie de l'église de Fourvière, comme on le verra ci-après.

L'ÉGLISE DE NOTRE-DAME
ET SAINT - THOMAS
DE
FOURVIÈRES
DE LYON,

Rendue à la piété des Fidèles, le 19 Avril 1805.

Avant de rendre compte de la restauration du culte de la sainte Vierge dans un de ses Temples les plus fréquentés, nous dirons en peu de mots ce qu'on sait de son origine, des vicissitudes qu'il a essuyées, des dons faits par la piété des fidèles, et des biens spirituels dont les Papes se sont plû à enrichir ce Sanctuaire.

L'origine de l'Eglise de Fourvières n'est pas connue : elle paroît très-ancienne ; mais on ne peut assigner l'époque de son commencement : toujours est-il bien certain que, de tout temps la ville de

Lyon a honoré la sainte Vierge d'une manière particulière ; (*) mais les ravages des Sarrasins et ceux que firent ensuite les hérétiques à diverses époques, n'ont que trop contribué à anéantir les monumens qui existoient dans diverses Eglises ; et on peut présumer que ceux de Fourvière furent de ce nombre. Nous voyons, dans l'histoire Ecclésiastique de Lyon, par la Mure, que Leydrade, bibliothécaire de Charlemagne, nommé Archevêque de Lyon, en 799, fit rebâtir les Eglises de Saint-Nizier, de la Plâtière, *et une autre dédiée à Notre-Dame, ce qu'on croit*, dit-il, *dénoter l'Eglise de Fourvières, dédiée d'ancienneté à la sainte Vierge.*

Celle - ci, dans la suite, devint célèbre par les miracles qui s'y opérèrent, et le vaisseau se trouvant trop petit pour suffire au concours nombreux des fideles, on entreprit de l'aggrandir, en y ajoutant une seconde nef. Saint Thomas, archevêque de Cantorbéry, exilé d'An-

---

(*) « L'église de Lyon s'est signalée, dans
» tous les siècles, par sa tendre piété envers la
» mère de Dieu. L'apôtre S. Jean avoit inspiré
» cette sainte disposition à son cher disciple Po-
» lycarpe, et celui - ci aux bienheureux Pothin
» et Irenée, nos Pères dans la foi. » *Extrait du
Mandement de S. E. le Cardinal FESCH, Archevêque de Lyon.*

gleterre , et passant à Lyon ; y avoit été accueilli par le Chapitre de Saint-Jean ; bientôt après , retourné dans son Diocèse , il y reçut la couronne du martyre , fut canonisé en 1173 , et alors les Chanoines de Saint - Jean le donnèrent pour patron à la nouvelle Eglise , et au Chapitre qu'ils y fondèrent.

Les souverains Pontifes et divers autres Souverains , la dotèrent de présens considérables , dont l'avarice et la fureur des hérétiques la dépouillèrent en 1562. Mais les graces spirituelles que recevoient dans ce Sanctuaire les serviteurs de Marie , ne firent qu'augmenter la dévotion des fidèles. Une Confrérie nombreuse s'y forma sous les auspices de la Mère de Dieu ; la piété des Lyonnois sollicita , et obtint de différens Papes , des Indulgences pour toutes les fêtes de la sainte Vierge. (*) On fit diverses fondations religieuses , au maintien desquelles le Consulat de Lyon adjugea au Chapitre une pension en 1729. Le zèle des Magistrats se manifesta encore en 1739 et 1749.

(*) On ne donne pas le détail de ces Indulgences, vû qu'elles viennent d'être toutes réunies en une seule, infiniment précieuse , par le Souverain Pontife Pie VII, comme on le verra ci-après.

Les réparations furent achevés en 1751, que se fit la bénédiction solennelle de ce saint édifice.

Il n'est pas nécessaire sans doute de rappeler les miracles multipliés qui se sont opérés dans cette Eglise, et dont on trouveroit encore existans un grand nombre de témoins. Tous ceux qui ont de la foi savent que le bras de Dieu n'est pas raccourci, qu'il peut faire chaque jour de nouveaux prodiges, et que sans aller chercher bien loin, le rétablissement de la Religion catholique en France, n'est pas un des moindres miracles. L'intercession de Marie en a obtenu dans tous les temps ; et quand on supposeroit un défaut d'authenticité à plusieurs de ceux qu'on assure s'être opérés dans l'Eglise de Fourvières, le nombre de ceux qui sont incontestables est bien assez grand, pour affermir notre confiance en Marie, *de laquelle*, assure saint Bernard, *le Sauveur du monde ne refuse jamais aucune demande.*

Tirons le rideau sur les temps qui viennent de se passer ; on sent assez que les profanateurs qui érigèrent dans la Métropole un autel à la déesse de la Raison, ne durent avoir aucun ménagement pour un Sanctuaire dédié à la sainte Vierge.

Mais laissons dans l'oubli ces époqués désastreuses, pour ne songer qu'au bienfait actuel.

Dès les premiers moméns de son installation sur le siége de Lyon, Monseigneur le Cardinal Archevêque avoit cherché les moyens de rendre à son diocèse l'Eglise de Fourvières ; mais les empêchemens se succédoient les uns aux autres, et sans doute la Providence l'avoit ainsi permis, pour donner plus ᴀ solennité à la restauration de ce Temple. l'arrivée du Souverain Pontife tous les ʇacles ont disparu (*) et son Eminence à i cette occasion précieuse pour faire en lque sorte sanctifier cette Eglise par la ʃence du souverain Pontife, et l'abon-ᴄe des bénédictions qui marchent à sa ᴧʇe. (**)

(*) Monseigneur le Cardinal Archevêque a fourni de ses deniers une portion considérable du prix de l'acquisition de Fourvières : on doit le reste à la piété de diverses personnes respectables qui à l'exemple de Son Eminence, se sont fait un honneur de participer au rétablissement de cette Eglise.

(**) Le Pape a accordé une Indulgence des plus précieuses, dont voici le détail dans l'extrait du Mandement de Monseig. le Card. Archevêque. « Le Saint Père (dit son Eminence) a bien voulu, » à notre demande, convertir les Indulgences an-

C'est le 19 avril dernier, que le Saint
Père s'y est rendu avec le même cortége qui
l'avoit accompagné les jours précédens ; le
contour qu'il a fallu faire prendre aux voitures
par le faubourg de Vaise, la montée de
Grange - Blanche et ensuite le faubourg de
Saint-Just, a donné occasion aux Catholiques
de ces faubourgs de jouir aussi de la présence
du Pape, et de recevoir sa bénédiction.

Le Saint Père a voulu faire à pied la dernière montée qui conduit au sommet de la
montagne : arrivée à la porte de l'Eglise ,
Sa Sainteté a été reçue sous un dais , au
bruit des canons de l'arsenal , et avec les
cérémonies ordinaires ; elle a ensuite célébré
les saints Mystères à l'autel de la sainte

____

» ciennes, et tous les Priviléges spirituels de ce
» Sanctuaire, 1.º en une Indulgence plénière et
» quotidienne , applicable aux vivans et aux
» défunts, que chaque Fidèle pourra gagner ,
» une fois par jour seulement, s'il est en état de
» grace, quand même il ne se seroit pas confessé
» et n'auroit pas communié, pourvu qu'il visite
» cette Basilique, et y prie pour l'Eglise, l'Etat,
» notre Cité , notre Diocèse : 2.º un Autel pri-
» vilégié , aussi pour tous les jours ; ce sera celui
» de la sainte Vierge : 3.º une Indulgence pareille
» à celle de l'*Angelus* , en faveur des fidèles
» défunts, pour ceux qui réciteront dévotement
» le *De profundis* , ou trois *Pater* et trois *Ave* ,
» au son de la cloche de cette Eglise ; laquelle
» annoncera tous les soirs , une heure après
» l'*Angelus*, la Prière pour les morts : 4.º même
» Indulgence à ceux qui prieront pour les malades
» dont elle annoncera l'agonie. »

B 5

Vierge et donné la Communion à quelques personnes pieuses, qui par de saints efforts étoient venues à bout de s'introduire dans le Sanctuaire.

Pendant l'action de graces du Souverain Pontife, M. Courbon Vicaire Général a offert le saint Sacrifice, après lequel on a engagé le Pape à se rendre sur la terrasse d'une maison voisine, pour lui donner le coup d'œil du confluent du Rhône et de la Saône.

Cependant on avoit préparé pour le Pape après tant de fatigues une collation dans la maison de madame d'Albon, occupée actuellement par deux Prêtres, MM. Caille frères, qui avoient tout disposé pour recevoir le Saint Père. Leur zèle étoit allé plus loin, et pour éviter au Pape la fatigue de trois cents pas de distance, ils avoient fait trouver une chaise à porteur en dehors de l'Eglise ; le Saint Père préféroit de se rendre à pied chez eux, mais il n'a pas voulu refuser, à ces dignes Prêtres, la satisfaction qu'ils ambitionnoient ; il s'est placé dans la chaise, et ils l'ont emporté eux-mêmes dans leur appartement.

Le Pape, après avoir accepté une tasse de chocolat s'est avancé sur la terrasse qui domine toute la ville ; on y avoit placé un dais et une bannière flottante, pour annoncer au loin la présence du Saint Père, qui de là a répandu ses bénédictions sur toute la ville à la fois, au bruit d'une salve d'artillerie de quarante-deux coups.

Sa Sainteté pour lors a voulu descendre, en se promenant, jusqu'à l'Antiquaille, où

étoient arrêtées ses voitures. Le local de l'Antiquaille, autrefois Monastère de la Visitation,
est aujourd'hui un Hospice de Charité. Les
Administrateurs de cette maison, attendoien
le Pape au passage, et pour l'engager davantage à les honorer de sa visite, on avoit
exposé le Saint-Sacrement. Le Saint Père a
aussi béni cette maison, où l'on voit encore
le cachot dans lequel fut enfermé S. Pothin,
avant d'être martyrisé.

Après être descendu et rentré dans la
ville, Pie VII s'est rendu au bâtiment do
Saint-Pierre, d'où il a donné sa bénédiction à la foule immense qui l'attendoit sur
la place des Terreaux. Là, il fut entouré
par les élèves de madame Cosway, dont la
plus jeune présenta au Saint Père une fleur,
qu'elle accompagna d'un petit compliment
en italien. Le souverain Pontife caressa la
jeune enfant avec sa douceur accoutumée.
Il sembloit en toute occasion, par l'accueil
qu'il faisoit à ces ames innocentes, dire
comme notre divin Maître : *Laissez venir à
moi ces petits ;* et tous ceux qui pouvoient
l'approcher, ne manquoient pas de mettre
leurs enfans entre ses bras.

Dans la soirée, il ne put résister à l'empressement que les Fidèles témoignoient encore d'être bénis par lui. Il se présenta,
pour la dernière fois sur la terrasse de l'Archevêché, vers les sept heures. Le lendemain
20 avril, à quatre heures du matin, la grosse
cloche et le canon de l'arsenal nous ont annoncé que nous allions perdre le Chef de
l'Eglise, et à cinq heures il n'étoit plus dans.

nos murs. Quoiqu'il fût à peine jour, quantité de personnes pieuses se trouvèrent encore sur son passage, pour recevoir à genoux les derniers adieux du Vicaire de Jésus-Christ. Deux jeunes gens qui n'avoient pu se procurer, que bien avant dans la nuit, des objets qu'ils vouloient faire bénir par le Saint Père, se trouvèrent sur le pont de la Guillotière. Malgré la vitesse des voitures, ce bon Père les apperçut à travers la glace, il la baissa promptement, et bénit de loin tout ce qu'on avoit présenté à ses regards. C'est ainsi que ce Pontife respectable est parti, comblé de plus de bénédictions qu'il n'en avoit données, et emportant l'amour des Fidèles, la vénération des impies et le respect même des ennemis de la Religion.

DISCOURS

Prononcé par le Préfet du Département, au Saint Père.

TRÈS-SAINT PÈRE,

J'apporte aux pieds de Votre Sainteté l'hommage respectueux de l'attachement, de l'admiration et de la reconnoissance des autorités administratives du département du Rhône. Que vous dirais-je, Très-Saint Père, que vous n'eussiez entendu de toutes les bouches qui vous ont adressé la parole, que vous n'eussiez lu dans les regards de tous ceux qui ont eu le bonheur de vous approcher !

Sans doute en parcourant quelques-unes des pages sanglantes de nos annales modernes, vous avez frémi plus d'une fois ; sans doute Votre Sainteté ne s'est pas décidée sans quelque répugnance, à visiter une nation qui naguère paroissoit n'être plus susceptible que d'un seul genre d'énergie, l'énergie de l'atrocité.

Mais peut-être aussi que depuis que Votre Sainteté a vu de plus près ce peuple inflammable, mais sensible et bon, elle a jugé que des hommes capables d'aimer et d'admirer avec tant d'enthousiasme les vertus dont elle leur a donné le spectacle, étoient dignes de les connoître et de les pratiquer.

Animée par quelques étincelles du génie du Héros qui la tira de l'abîme, guidée par les leçons du Père commun des fidèles, la nation Françoise rentrera dans la carrière du bien dont elle ne dévia qu'en faisant violence à son caractère, et le bonheur auquel elle est rendue lui devient d'autant plus cher, qu'elle sent en être redevable en partie aux exemples de Votre Sainteté.

Heureux, Très-Saint Père, les hommes qui, comme les François, n'ont que des motifs de chérir les objets de leur vénération et de leur obéissance.

AVERTISSEMENT

Sur la Notice qui suit.

DEPUIS que *N. S. P. LE PAPE* est arrivé en France, tout le monde a désiré avoir des croix, des médailles, des chapelets bénis pas *SA SAINTETÉ*. La profonde vénération, et puisqu'on peut s'exprimer ainsi l'amour filial que *PIE VII* a généralement inspirés, ont beaucoup augmenté cet empressement. Ceux mêmes qui pourroient attacher peu de prix à ces objets pieux, en ont attaché beaucoup à avoir quelque chose qui ait été béni par un aussi vénérable Pontife. Dans la seule ville de Lyon on a évalué à plus de trente mille le nombre des chapelets, croix ou médailles qui ont été présentés à bénir au S. Père.

Des Indulgences étant attachées à ces Bénédictions, on a cru faire un chose utile en ajoutant ici l'Instruction ci-après, qui a été fidèlement traduite sur un exemplaire latin de l'imprimerie de la Chambre Apostolique.

INDULGENCES

ATTACHÉES

PAR NOTRE SAINT PÈRE LE PAPE

PIE VII,

Aux Chapelets , Rosaires , Croix , Crucifix et Médailles bénis par S. S., en faveur des Fidèles qui, ayant sur eux ou dans leurs maison, quelques - uns de ces objets , remplissent les œuvres de piété ci - après;

NOTRE Saint-Père le Pape veut que les fidèles de l'un et de l'autre sexe soient avertis que , pour gagner les Indulgences que la bénédiction de S. S. a attachées aux objets ci-dessus mentionnés , ils doivent les porter sur eux ou les avoir dans leurs maisons.

Ils doivent, en outre, comme condition réquise pour gagner les Indulgences , ou porter sur eux le chapelet, crucifix ou autre objet béni , en récitant les prières ci-après marquées ; ou s'ils ne les portent pas sur eux, ils doivent les avoir dans leur chambre ou autre lieu décent de leur habitation, et réciter lesdites prières devant les crucifix ou autres objets bénis.

S. S. n'accorde jamais la bénédiction ci-dessus mentionnée aux images, gravures, crucifix et médailles qui sont d'étain, de plomb, de fer ou d'autre matière fragile ou facile à se détériorer.

Enfin S. S. exige que les objets donnés à bénir représentent des Saints canonisés ou du Martyrologe romain.

Après ces explications, voici les Indulgences qu'on peut gagner, et les bonnes œuvres qu'il faut faire pour obtenir cette grace.

Celui qui, une fois au moins chaque semaine, récitera le chapelet en l'honneur de Notre-Seigneur ou de la bienheureuse Vierge Marie; soit le Rosaire ou la troisième partie du Rosaire; soit le petit Office de la bienheureuse Vierge Marie, ou celui des Morts; soit les sept Pseaumes de la Pénitence, ou les Graduels; ou fera le Catéchisme; ou visitera soit les prisonniers, soit les malades dans leur maison ou dans un hôpital; ou qui assistera les pauvres ; ou sera dans l'usage d'entendre la sainte Messe, ou s'il est prêtre, de la célébrer : s'il est vraiment pénitent, et qu'après avoir confessé ses péchés à un prêtre approuvé, il reçoive la très-sainte Eucharistie à l'une des fêtes suivantes ; la Noël, l'Epiphanie, Pâques, l'Ascension, la Pentecôte, la Très-Sainte Trinité, la Fête-Dieu, la Purification, l'Annonciation, l'Assomption, la Nativité de la bienheureuse Vierge Marie, la Nativité de saint Jean-Baptiste, les fêtes des saints Apôtres Pierre et Paul, André, Jacques, Jean, Thomas, Philippe et Jacques, Barthélemi, Matthieu, Simon et Jude, Mathias ; à la fête de saint Joseph, époux de la Vierge Marie, et celle de tous les Saints ; et priera pour l'extinction des hérésies et des schismes, pour la propagation de la foi catholique, pour la paix et la concorde entre les Princes chrétiens, et enfin pour les autres besoins de l'Eglise Romaine, gagnera une Indulgence plénière à chacune des fêtes sus - mentionnées.

En remplissant les mêmes conditions aux autres fêtes de Notre-Seigneur ou de la bienheureuse Vierge Marie, on gagnera sept ans d'indulgences et autant de quarantaines ; à chaque dimanche ou autre fête de l'année , on gagnera une indulgence de cinq années et autant de quarantaines ; enfin , à chaque autre jour de l'année , une indulgence de cent jours.

Celui qui est dans l'usage de réciter au moins une fois chaque semaine le Chapelet , ou le Rosaire , ou l'Office de la sainte Vierge , ou celui des Morts , ou les Vêpres , ou du moins un des Nocturnes et Laudes , ou les sept Pseaumes Pénitentiaux , avec les Litanies et les Oraisons qui y sont jointes , gagnera une Indulgence de cent jours.

Celui qui , à l'article de la mort , recommandera dévotement son ame à Dieu, et qui (conformément à l'Instruction de Benoît XIV, d'heureuse mémoire, énoncée dans sa *Constitution* du 5 avril 1747 , qui commence par ces mots : *Pia Mater*), prêt à accepter la mort avec résignation de la main du Seigneur , véritablement pénitent , ayant confessé ses péchés, reçu la sainte communion s'il lui est possible et s'il ne le peut , qui , étant contrit, prononcera le nom de Jésus , ou du moin l'invoquera dans son cœur , obtiendra l'indulgence plénière.

Quiconque , avant la célébration de la

Messe, ou la réception de l'Eucharistie, ou la récitation de l'Office divin, ou du petit Office de la Vierge, aura fait une pieuse préparation, gagnera chaque fois cinquante jours d'indulgence.

Celui qui visitera des prisonniers, ou des malades dans les hôpitaux, et exercera quelque bonne œuvre envers eux; ou enseignera la doctrine chrétienne dans l'Eglise, comme aussi dans sa maison à ses enfans, à ses parens, à ses domestiques, gagnera chaque fois deux cents jours d'indulgence.

Celui qui, au son de la cloche de quelque Eglise, le matin, à midi ou le soir, dira l'*Angelus*, ou, en cas qu'il ignore cette prière, dira une fois l'Oraison dominicale et la Salutation angélique, ou qui, au son d'une heure de la nuit, dira le *De Profundis*, ou, s'il ne le sait, un *Pater* et un *Ave* pour les ames du purgatoire, gagnera chaque fois cent jours d'indulgence.

Celui qui, le vendredi, pensera dévotement à la mort et passion de N. S. J. C., et dira trois *Pater* et trois *Ave*, gaguera également cent jours d'indulgence.

Celui qui, se repentant de ses péchés avec un ferme propos de se corriger, fera l'examen de sa conscience, et dira trois *Pater* et trois *Ave* en l'honneur de la Sainte Trinité, ou cinq fois les mêmes prières en mémoire des cinq plaies de N. S., gagnera la même indulgence.

Celui qui priera Dieu pour les fidèles à l'agonie, et dira pour eux au moins un *Pater* et un *Ave*, gagnera cinquante jours d'indulgence.

Toutes les indulgences ci-dessus peuvent être appliquées par chacun à sa propre utilité ou aux ames du purgatoire, par manière de suffrage.

S. S. déclare de plus, que par la concession des indulgences ci-dessus, elle ne déroge en aucune manière à celles que ses prédécesseurs auroient pu accorder pour les mêmes œuvres, voulant que ces concessions conservent toute leur valeur.

Dans la distribution des chapelets croix, etc., et dans leur usage, N. S. ordonne d'observer le décret d'Alexandi VII, d'heureuse mémoire, donné le 6 février 1657, savoir: que les indulgences attachées aux chapelets, croix, etc. bénis par S. S., ne sont accordées qu'aux personnes pour lesquelles elles ont été bénies, ou auxquelles elles sont distribuées pour la première fois : Que si on vient à perdre les objets bénis, on ne peut les remplacer par d'autres, nonobstant tout privilége contraire; qu'on ne peut les prêter ou les donner pour y faire des prières, à l'effet de communiquer les indulgences ; et si on le faisoit, les objets bénis perdroient les indulgences mêmes qui y avoient été attachées : comme aussi qu'ils ne peuvent être vendus après la bénédiction pontificale, (*) conformément à la disposition du décret de la sacrée Congrégation des Indulgences, et des sacrées Reliques, du 5 Juin 1721.

S. S. confirme le décret de Benoît **XIV**, d'heureuse mémoire, du 19 août 1752, qui déclare par exprès, que les Messes dites à un Autel où on a placé un crucifix ou

---

(*) *N. S. P. le Pape, pendant son séjour à Lyon, a modifié cette clause en faveur des fidéles qui n'avoient pas pu s'en procurer pour les faire bénir ; il a permis qu'on put leur en vendre à cette condition expresse, qu'on n'y attacheroit aucune valeur numéraire de plus, à raison de la bénédiction, c'est à-dire, qu'on doit les vendre au même prix que l'on vend ceux qui ne sont pas bénis.*

médaille bénis, ou célébrées par un prêtre qui les porte sur lui, ne jouissent pour cela d'aucun privilége.

De plus, S. S. défend à toute personne qui assiste les mourans, de leur donner la bénédiction avec l'indulgence plénière à l'article de la mort, attachée aux croix, chapelets, médailles qui auroient été bénis pour elle-même, sans en avoir la faculté spéciale et par écrit, selon la constitution *Pia mater* ci-dessus énoncée.

Signé F. X. Archevêque de Larisse, vice-Gérent, pro-Secrétaire de la sainte Congrégation des Indulgences et des sacrées Reliques.

Traduit sur un exemplaire imprimé à Rome, à l'imprimerie de la Chambre apostolique, en M. D. CCC.

Extrait du Catéchisme de Montpellier, par M. de Charency, chapitre des Indulgences.

D Qu'EST-CE que l'indulgence plénière?

R. C'est la rémission de toute la peine temporelle due à nos péchés.

D. Qu'est-ce que l'indulgence de sept ans, d'un an, de quarante jours?

R. Ces indulgences sont une relaxation de sept ans, d'un an, de quarante jours de la pénitence canonique qui auroit pu nous être imposée, et de la peine temporelle qui y répond.

D. Peut-on accorder des indulgences en faveur des âmes qui sont en purgatoire?

R. Oui, mais d'une manière bien différente de celle dont on en use à l'égard des fidèles vivans. L'église accorde les indulgences aux vivans par voie d'absolution, et en faveur des morts, par voie de suffrage; c'est-à-dire que l'église accorde les indulgences aux vivans, en vertu de la juridiction qu'elle a sur eux, et en leur remettant la peine temporelle due à leur péché, en tout ou en partie.

A l'égard des morts, l'église n'a plus de juridiction sur eux; ainsi elle ne peut plus leur accorder des indulgences par la voie de l'absolution, mais seulement par voie de suffrage, c'est-à-dire par la médiation des fidèles. Il est certain par la foi, que les âmes qui souffrent dans le purgatoire, peuvent être soulagées par les satisfactions et les bonnes œuvres que les fidèles vivans sur la terre font dans cette intention. Mais ces bonnes œuvres des fidèles sont beaucoup plus efficaces par les indulgences que l'église accorde en faveur des morts, parce qu'elle y attache et y unit les satisfactions de Jésus-Christ et des Saints. En sorte que les bonnes œuvres prescrites par les bulles d'indulgence accordées pour les morts, ont en elles non-seulement leur valeur ordinaire, mais encore le prix des satisfactions de Jésus-Christ et des saints, qui par cette voie est appliqué à ces ames.

EXTRAIT d'un *Mandement de M. de Fénélon, sur les Indulgences.*

GARDEZ - VOUS bien, mes très-chers frères, de regarder les indulgences comme un asile du relâchement contre la pénitence. Elles sont tout au contraire, un adoucissement de la pénitence extérieure, qui invite les hommes à redoubler la pénitence du cœur.... L'Eglise relâche de grandes peines, il est vrai ; mais elle ne dispense pas de la douleur d'avoir péché..... L'indulgence n'élargit point la vôie étroite. Elle ne nous dispense point de suivre Jésus-Christ en portant la croix avec lui, ni de nous renoncer nous-mêmes. Elle soulage seulement notre foiblesse ; elle nous supporte dans notre découragement, en attendant que nous croissions en Jésus-Christ, et que nous soyons devenus *robustes dans la foi.* O vous tous qui êtes fatigués et chargés, venez à Jésus-Christ, il vous soulagera ; venez *goûter, et voyez combien le Seigneur est doux*..... Qu'on se défie de soi, qu'on se fie à Dieu, qu'on se livre à un bon confesseur, qui, plein de l'esprit de la grace, mène tout à sa fin avec force et douceur. Qu'on ne se confesse que pour se convertir et pour se corriger, Qu'on cherche le confesseur qu'on avoit toujours craint, parce qu'il ne flatte pas, et qu'on craigne celui qu'on cherchoit, s'il est vrai qu'il flatte.....

Profitez - donc, mes très - chers frères, de la grace qui vous est offerte..... Venez vous tous qui avez la bienheureuse soif, *vous puiserez avec joie dans les fontaines du Sauveur.*

F I N.

* 9 7 8 2 0 1 2 8 4 4 2 5 4 *